D1569987

Contra el fascismo

Date: 6/24/20

SP 320.533 ECO
Eco, Umberto
Contra el fascismo

Contra el fascismo

Umberto Eco

Traducido del italiano
por Elena Lozano

Lumen

———

ensayo

Título original: *Il fascismo eterno*, incluido originalmente en *Cinque scritti morali*

Primera edición: septiembre de 2018

© 2018, La nave di Teseo Editore, Milano
© 2018, Penguin Random House Grupo Editorial, S. A. U.
Travessera de Gràcia, 47-49. 08021 Barcelona
© 1997, Elena Lozano, por la traducción

Printed in Spain – Impreso en España

ISBN: 978-84-264-0568-5
Depósito legal: B-10.964-2018

Compuesto en La Nueva Edimac, S. L.
Impreso en Limpergraf
Barberà del Vallès (Barcelona)

H 4 0 5 6 8 5

Penguin
Random House
Grupo Editorial

Introducción

Este libro es la transcripción de la conferencia titulada «El fascismo eterno», que el autor pronunció, en versión inglesa, en un congreso organizado por los departamentos de filología italiana y francesa de la Universidad de Columbia, el 25 de abril de 1995, para conmemorar el aniversario de la insurrección general de la Italia del Norte contra el nazismo y la liberación de Europa. Apareció posteriormente como «Eternal Fascism» en *The New York Review of Books* (22 de junio de 1995) y se tradujo en *La Rivista dei Libri* de julio-agosto de 1995 como «Totalitarismo *fuzzy* y ur-fascismo» (versión que se diferencia de la que se publica aquí solo en algunos leves ajustes formales). Es preciso tener presente que el texto se pensó para un público de estudiantes norteamericanos y se pronunció en los días en que Estados Unidos estaba conmovido por el atentado de Oklahoma y por el descubrimiento de que en el país existían (lo que no era ningún secreto) organizaciones militares de extrema derecha. Así pues, el tema del antifascismo adquiría connotaciones particulares en aquella circunstancia, y la reflexión histórica quería promover una reflexión sobre problemas de actualidad en diferentes países: la conferencia fue traducida con posterioridad por periódicos y revistas a numerosas lenguas más. El hecho de que el discurso se dirigiera a los jóvenes norteamericanos explica por qué se facilitan informaciones y aclaraciones casi escolásticas sobre acontecimientos que un lector europeo debería conocer y por qué hay citas de Roosevelt, y alusiones al antifascismo norteamericano, o se insiste sobre el encuentro entre europeos y americanos en los días de la liberación.

En 1942, a la edad de diez años, gané el primer premio de los Ludi Juveniles (un concurso de libre participación obligatoria para los jóvenes fascistas italianos, esto es, para todos los jóvenes italianos). Había discurrido con virtuosismo retórico sobre el tema «¿Debemos morir por la gloria de Mussolini y el destino inmortal de Italia?». Mi respuesta había sido afirmativa. Era un chico listo.

Después, en 1943, descubrí el significado de la palabra «libertad». Contaré esta historia al final de mi discurso. En aquel momento «libertad» no significaba todavía «liberación».

Pasé dos de mis primeros años entre miembros de la SS, fascistas y partisanos, que se disparaban mutuamente, y aprendí a evitar las balas. No estuvo mal como ejercicio.

En abril de 1945, los partisanos tomaron Milán. Dos días después llegaron a la pequeña ciudad donde yo vivía. Fue un momento de alegría. La plaza principal estaba abarrotada de gente que cantaba y agitaba banderas, invocando a grandes voces a Mimo, el jefe partisano de la zona. Mimo, exbrigada de los carabineros, se había pasado al bando de Badoglio y había perdido una pierna en uno de los primeros enfrentamientos. Se dejó ver en el balcón del ayuntamiento, apoyado en sus muletas, pálido; intentó, con una mano, calmar a la muchedumbre. Yo estaba allí, esperando su discurso, dado que toda mi infancia había estado marcada por los grandes discursos históricos de Mussolini, cuyos pasajes más significativos

12

aprendíamos de memoria en el colegio. Silencio. Mimo habló con voz entrecortada, casi no se le oía. Dijo:

—Ciudadanos, amigos: después de tantos dolorosos sacrificios..., aquí estamos. Gloria a los caídos por la libertad.

Eso fue todo. Y volvió adentro. La muchedumbre gritaba, los partisanos levantaron sus armas y dispararon al aire festivamente. Nosotros, los niños, nos abalanzamos a recoger los casquillos, preciosos objetos de colección, pero yo había aprendido también que la libertad de palabra significa libertad de retórica.

Algunos días más tarde vi a los primeros soldados norteamericanos. Eran afroamericanos. El primer yanqui con que me topé era un negro, Joseph, que me hizo conocer las maravillas de Dick

Tracy y de Li'l Abner. Sus historietas eran a color y olían bien.

Uno de los oficiales (el mayor o capitán Muddy) era huésped en la villa de la familia de dos compañeras mías del colegio. Me sentía como en casa en aquel jardín donde algunas señoras hacían corrillo en torno al capitán Muddy, chapurreando el francés. El capitán Muddy tenía una buena educación superior y sabía un poco de francés. Así pues, mi primera imagen de los liberadores norteamericanos, después de tantos rostros pálidos con camisas negras, fue la de un negro culto con uniforme verdeamarillento que decía:

—*Oui, merci beaucoup Madame. Moi aussi j'aime le champagne...*

Por desgracia, faltaba el champán, pero el capitán Muddy me dio mi primer chicle y empecé a pasarme el día mascando. Por la noche lo metía en un vaso de agua para conservarlo hasta el día siguiente.

En mayo oímos decir que la guerra había acabado. La paz me produjo una sensación curiosa. Me habían dicho que la guerra permanente era la condición normal para un joven italiano. En los meses siguientes descubrí que la Resistencia no era un fenómeno solo local, sino europeo. Aprendí nuevas, excitantes palabras como «réseau», «maquis», «armée secrète», «Rote Kapelle», «gueto de Varsovia». Vi las primeras fotografías del Holocausto, y entendí de esta manera lo que significaba antes incluso de conocer la palabra. Comprendí de qué habíamos sido liberados.

En Italia, hoy en día, hay personas que se preguntan si la Resistencia tuvo un impacto militar efectivo en el curso de la guerra. Para mi generación, la cuestión no tiene relevancia alguna: comprendimos al instante el significado moral y psicológico de la Resistencia. Era motivo de orgullo saber que nosotros, los europeos, no habíamos esperado la liberación pasivamente. Pienso que también para los jóvenes norteamericanos que derramaban su tributo de sangre por nuestra libertad era relevante saber que, detrás de las líneas, había europeos que estaban pagando ya su deuda.

En Italia, hoy en día, hay personas que dicen que el mito de la Resistencia era una mentira comunista. Es verdad que los comunistas han explotado la Resistencia como una propiedad personal, al haber desempeñado en ella un papel fundamental; pero yo recuerdo a partisanos con pañuelos de diferentes colores.

Pegado a la radio, pasaba las noches —con las ventanas cerradas y el oscurecimiento general que convertía el pequeño espacio en torno al aparato en el único halo luminoso— escuchando los mensajes que Radio Londres transmitía a los partisanos. Eran a la vez oscuros y poéticos («El sol vuelve a salir una vez más», «Florecerán las rosas»), y la mayor parte eran «mensajes para la Franchi» Alguien me susurró que Franchi era el jefe de una de las agrupaciones clandestinas más poderosas de la Italia del Norte, un hombre cuyo valor era legendario. Franchi se convirtió en mi héroe. Franchi (cuyo verdadero nombre era Edgardo Sogno) era un monárquico, tan anticomunista que después de la guerra se unió a grupos de extrema derecha y fue acusado incluso de haber colaborado en un golpe de Estado reaccionario. Pero ¿qué importa? Sogno sigue siendo el sueño de mi infancia. La liberación fue una empresa común para gente de diferente color.

En Italia, hoy en día, hay personas que dicen que la guerra de liberación fue un trágico episodio de división, y que ahora necesitamos una reconciliación nacional.

El recuerdo de aquellos años terribles debería ser reprimido. Pero la represión provoca neurosis. Si reconciliación significa compasión y respeto hacia todos aquellos que combatieron su guerra de buena fe, perdonar no significa olvidar. Puedo admitir incluso que Eichmann creyera sinceramente en su misión, pero no me siento capaz de decir: «Vale, vuelve y hazlo otra vez».

Nosotros estamos aquí para recordar lo que sucedió y para declarar de manera solemne que «ellos» no deben volver a hacerlo.

Pero ¿quiénes son «ellos»?

Si todavía estamos pensando en los gobiernos totalitarios que dominaron Europa antes de la Segunda Guerra Mundial, podemos afirmar con tranquilidad que sería difícil verlos volver de la misma manera en circunstancias históricas diferentes. Si el fascismo de Mussolini se fundaba en la idea de un jefe carismático, en el corporativismo, en la utopía del «destino fatal de Roma», en una voluntad imperialista de conquistar nuevas tierras, en un nacionalismo exacerbado, en el ideal de toda una nación uniformada con camisa negra, en el rechazo de la democracia parlamentaria, en el antisemitismo, entonces no me cuesta admitir que Alianza Nacional es, sin duda, un partido de derechas, pero tiene poco que ver con el antiguo fascismo (al que sí se remitía, en cambio, su progenitor, el Movimiento Social Italiano, MSI). Por las mismas razones, aunque estoy preocupado por los diversos movimientos filonazis que están activos aquí y allá en Europa, incluida Rusia, no pienso que el nazismo, en su forma original, vaya a reaparecer como movimiento que involucre a toda una nación.

Sin embargo, aun pudiéndose derribar los regímenes políticos, y criticar y quitar legitimidad a las ideologías, detrás de un régimen y de su ideología hay una manera de pensar y de sentir, una serie de hábitos culturales, una nebulosa de instintos oscuros y de pulsiones insondables. ¿Es que todavía queda otro fantasma que recorre Europa (por no hablar de otras partes del mundo)?

Ionesco dijo una vez que «solo cuentan las palabras; lo demás son cháchara». Las costumbres lingüísticas son a menudo síntomas importantes de sentimientos no expresados.

Déjenme preguntar, entonces, por qué no solo la Resistencia sino la Segunda Guerra Mundial en su conjunto han sido definidas, en todo el mundo, como una lucha contra el fascismo. Si vuelven a leer *Por quién doblan las campanas*, de Hemingway, descubrirán que Robert Jordan identifica a sus enemigos con los fascistas, incluso cuando piensa en los falangistas españoles.

Permítanme que le ceda la palabra a Franklin Delano Roosevelt: «La victoria del pueblo norteamericano y de sus aliados será una victoria contra el fascismo y contra ese callejón sin salida del despotismo que el fascismo representa» (23 de septiembre de 1944).

Durante los años de McCarthy, a los norteamericanos que habían participado en la Guerra Civil española se los definía como «antifascistas prematuros», entendiendo con ello que combatir a Hitler en los años cuarenta era un deber moral para todo buen americano, pero combatir contra Franco demasiado pronto, en los años treinta, resultaba sospechoso. ¿Por qué una expresión como «Fascist pig» la usaban los radicales norteamericanos incluso para referirse a un policía que no aprobaba lo que fumaban? ¿Por qué no decían «Cerdo *cagoulard*», «Cerdo falangista», «Cerdo ustacha», «Cerdo Quisling», «Cerdo Ante Pavelic», «Cerdo nazi»?

Mein Kampf es el manifiesto completo de un programa político. El nazismo tenía una teoría del racismo y del arianismo, una noción precisa de la *entartete Kunst*, el «arte degenerado», una filosofía de la voluntad de poder y del *Übermensch*. El nazismo era decididamente anticristiano y neopagano, con la misma claridad con que el Diamat de Stalin (la versión oficial del marxismo soviético) era a todas luces materialista y ateo. Si por totalitarismo se entiende un régimen que subordina todos los actos individuales al Estado y a su ideología, entonces el nazismo y el estalinismo eran regímenes totalitarios.

El fascismo fue, sin lugar a dudas, una dictadura, pero no era cabalmente totalitario, no tanto por su tibieza como por la debilidad filosófica de su ideología. Al contrario de lo que suele pensarse, el fascismo italiano no tenía una filosofía propia. El artículo sobre el fascismo firmado por Mussolini para la Enciclopedia Treccani lo escribió o fundamentalmente lo inspiró Giovanni

Gentile, pero reflejaba una noción hegeliana tardía del «Estado ético y absoluto» que Mussolini no realizó nunca por completo. Mussolini no tenía ninguna filosofía: tenía solo una retórica. Empezó como ateo militante, para luego firmar el concordato con la Iglesia y simpatizar con los obispos que bendecían los banderines fascistas. En sus primeros años anticlericales, según una leyenda plausible, le pidió una vez a Dios que lo fulminara en el mismo sitio, para probar su existencia. Dios estaba distraído, evidentemente. En años posteriores, en sus discursos, Mussolini citaba siempre el nombre de Dios y no tenía reparo en hacerse llamar «el hombre de la Providencia». Puede decirse que el fascismo italiano fue la primera dictadura de derechas que dominó un país europeo, y que todos los movimientos análogos encontraron más tarde una especie de arquetipo común en el régimen de Mussolini. El fascismo italiano fue el primero en crear una liturgia militar, un folclore e, incluso, una forma de vestir, con la que tuvo más éxito en el extranjero que Armani, Benetton o Versace. Solo en los años treinta hicieron su aparición movimientos fascistas en Inglaterra, con Mosley, y en Letonia, Estonia, Lituania, Polonia, Hungría, Rumanía, Bulgaria, Grecia, Yugoslavia, España, Portugal, Noruega e incluso en América del Sur, por no hablar de Alemania. Fue el fascismo italiano el que convenció a muchos líderes liberales europeos de que el nuevo régimen estaba llevando a cabo interesantes reformas sociales, capaces de ofrecer una alternativa moderadamente revolucionaria a la amenaza comunista.

Aun así, la prioridad histórica no me parece razón suficiente para explicar por qué la palabra «fascismo» se convirtió en una sinécdoque, en una denominación *pars pro toto* para movimientos totalitarios diferentes. No vale decir que el fascismo contenía en sí todos los elementos de los totalitarismos sucesivos, digamos que «en estado quintaesencial». Al contrario, el fascismo no poseía ninguna quintaesencia, ni tan siquiera una sola esencia. El fascismo era un totalitarismo *fuzzy*. No era una ideología monolítica, sino, más bien, un collage de diferentes ideas políticas y filosóficas, una colmena de contradicciones. ¿Se puede concebir acaso un movimiento totalitario que consiga aunar monarquía y revolución, ejército real y milicia personal de Mussolini, los privilegios concedidos a la Iglesia y una educación estatal que exaltaba la violencia, el control absoluto y el mercado libre? El Partido Fascista nació proclamando su nuevo orden revolucionario, pero lo financiaban los latifundistas más conservadores, que se esperaban una contrarrevolución. El fascismo de los primeros tiempos era republicano y sobrevivió veinte años proclamando su lealtad a la familia real, permitiéndole a un «duce» que saliera adelante del brazo de un «rey», al que ofreció incluso el título de «emperador». Pero cuando, en 1943, el rey relevó a Mussolini, el partido volvió a aparecer dos meses más tarde, con la ayuda de los alemanes, bajo la bandera de una república «social», reciclando su vieja partitura revolucionaria, enriquecida por acentuaciones casi jacobinas.

Hubo una sola arquitectura nazi, y un solo arte nazi. Si el arquitecto nazi era Albert Speer, no había sitio para Mies van der Rohe. De la misma manera, bajo Stalin, si Lamarck tenía razón, no había sitio para Darwin. Por el contrario, hubo arquitectos fascistas, sin duda, pero junto a sus pseudocoliseos surgieron también nuevos edificios inspirados en el moderno racionalismo de Gropius.

No hubo un Zdanov fascista. En Italia hubo dos importantes premios artísticos: el Premio Cremona estaba controlado por un fascista inculto y fanático como Farinacci, que promovía un arte propagandístico (me acuerdo de cuadros que llevaban títulos como «Escuchando por la radio un discurso del Duce» o «Estados mentales creados por el fascismo»); y el Premio Bérgamo, patrocinado por un fascista culto y razonablemente tolerante como Bottai, que difundía el arte por el arte y las nuevas experiencias del arte de vanguardia, que en Alemania habían sido proscritas como corruptas y criptocomunistas, contrarias al *Kitsch* nibelungo, el único admitido.

El poeta nacional era D'Annunzio, un dandi al que en Alemania o en Rusia habrían fusilado. Se lo elevó al rango de vate del régimen por su nacionalismo y su culto al heroísmo (al que había que añadir grandes dosis de decadentismo francés).

Pensemos en el futurismo. Habría debido considerarse un ejemplo de *entartete Kunst*, igual que el expresionismo, el cubismo, el surrealismo. Pero los primeros futuristas italianos eran nacionalistas, por razones estéticas favorecieron la participación italiana en la Primera Guerra Mundial, celebraron la velocidad, la violencia y el riesgo, y, de alguna manera, estos aspectos parecieron cercanos al culto fascista de la juventud. Cuando el fascismo se identificó con el Imperio romano y descubrió las tradiciones rurales, Marinetti (que proclamaba más bello un automóvil que la Victoria de Samotracia y quería incluso suprimir el claro de luna) fue nombrado miembro de la Academia de Italia, que trataba el claro de luna con gran respeto.

Muchos de los futuros partisanos, y de los futuros intelectuales del Partido Comunista, fueron educados por el GUF, la asociación fascista de estudiantes universitarios, que debía ser la cuna de la nueva cultura fascista. Estos clubes se convirtieron en una especie de hervidero intelectual, donde las ideas circulaban sin ningún control ideológico real, no tanto porque los hombres de partido fueran tolerantes, sino porque pocos de ellos poseían los instrumentos intelectuales para controlarlas.

En el transcurso de aquellos veinte años, la poesía de los herméticos constituyó una reacción al estilo pomposo del régimen: a estos poetas se les permitió elaborar su protesta literaria dentro de la torre de marfil. El sentir de los herméticos era exactamente lo contrario del culto fascista del optimismo y el heroísmo. El régimen toleraba este disentimiento evidente, aunque socialmente imperceptible, porque no prestaba suficiente atención a una jerigonza tan oscura.

Lo cual no significa que el fascismo italiano fuera tolerante. A Gramsci lo metieron en la cárcel hasta su muerte; Matteotti y los hermanos Rosselli fueron asesinados; la prensa libre, suprimida; los sindicatos, desmantelados; los disidentes políticos, confinados en islas remotas; el poder legislativo se convirtió en una mera ficción, y el ejecutivo (que controlaba el judicial, así como los medios de comunicación) promulgaba directamente las nuevas leyes, entre las cuales se cuentan también las de la defensa de la raza (el apoyo formal italiano al Holocausto).

La imagen incoherente que acabo de describir no se debía a la tolerancia: era un ejemplo de descoyuntamiento político e ideológico. Pero era un «descoyuntamiento organizado», una confusión estructurada. Desde el punto de vista filosófico, el fascismo estaba desgoznado, pero desde el emotivo estaba bien ensamblado con algunos arquetipos.

Y así llegamos al segundo punto de mi tesis.
Hubo un solo nazismo, y no podemos llamar «nazismo» al falangismo hipercatólico de la España de
Franco, puesto que el nazismo es fundamentalmente pagano, politeísta y anticristiano, o no es
nazismo. Al contrario, se puede jugar al fascismo
de muchas maneras y el nombre del juego no cambia. Le sucede a la noción de «fascismo» lo que,
según Wittgenstein, ocurre con la noción de «juego». Un juego puede ser competitivo o no, puede
interesar a una o más personas, puede requerir alguna habilidad particular o ninguna, puede admitir
apuestas o no. Los juegos son una serie de actividades diferentes que muestran solo cierto «parecido de familia».

1	2	3	4
abc	*bcd*	*cde*	*def*

Supongamos que existe una serie de grupos políticos. El grupo 1 se caracteriza por los aspectos *abc*; el grupo, 2 por los *bcd*, etcétera. El 2 se parece al 1 en cuanto que comparten dos aspectos. El 3 se parece al 2, y el 4 se parece al 3 por la misma razón. Nótese que el 3 también se parece al 1 (tienen en común el aspecto *c*). El caso más curioso es el del 4, obviamente parecido al 3 y al 2, pero sin ninguna característica en común con el 1. Sin embargo, en razón de la serie ininterrumpida de parecidos decrecientes entre el 1 y el 4, sigue habiendo, por una especie de transitividad ilusoria, un aire de familia entre el 1 y el 4.

El término «fascismo» se adapta a todo porque es posible eliminar de un régimen fascista uno o más aspectos y siempre podremos reconocerlo como fascista. Quítenle al fascismo el imperialismo y obtendrán a Franco o a Salazar;

quítenle el colonialismo y obtendrán el fascismo balcánico.

Añádanle al fascismo italiano un anticapitalismo radical (que nunca fascinó a Mussolini) y obtendrán a Ezra Pound. Añádanle el culto a la mitología celta y el misticismo del Grial (completamente ajeno al fascismo oficial) y obtendrán a uno de los gurús fascistas más respetados: Julius Evola.

A pesar de esta confusión, considero que es posible elaborar una lista de características típicas de lo que me gustaría denominar «ur-fascismo», o «fascismo eterno». Tales características no pueden quedar encuadradas en un sistema; muchas se contradicen mutuamente, y son típicas de otras formas de despotismo o fanatismo, pero basta con que una de ellas esté presente para hacer coagular una nebulosa fascista.

1

La primera característica de un ur-fascismo es el culto a la tradición. El tradicionalismo es más antiguo que el fascismo. No fue típico solo del pensamiento contrarrevolucionario católico posterior a la Revolución francesa, sino que nació en la edad helenística tardía como reacción al racionalismo griego clásico.

En la cuenca del Mediterráneo, los pueblos de religiones diferentes (aceptadas todas con indulgencia por el Olimpo romano) empezaron a soñar con una revelación recibida en los albores de la historia humana. Esta revelación había permanecido durante mucho tiempo bajo el velo de lenguas ya olvidadas. Estaba encomendada a los jeroglíficos egipcios, a las runas de los celtas, a los textos sagrados, aún desconocidos, de las religiones asiáticas.

Esta nueva cultura había de ser sincrética. «Sincretismo» no es solo, como indican los diccionarios, la combinación de formas diferentes de creencias o prácticas. Una combinación de ese tipo debe tolerar las contradicciones. Todos los mensajes originales contienen un germen de sabiduría y, cuando parecen decir cosas diferentes o incompatibles, lo hacen solo porque todos aluden, alegóricamente, a alguna verdad primitiva.

Como consecuencia, ya no puede haber avance del saber. La verdad ya ha sido anunciada de una vez por todas, y lo único que podemos hacer nosotros es seguir interpretando su oscuro mensaje. Es suficiente mirar el texto fundacional de cualquier movimiento fascista para encontrar a los principales pensadores tradicionalistas. La gnosis nazi se alimentaba de elementos tradicionalistas, sincretistas, ocultos. La fuente teórica más importante de la nueva derecha italiana, Julius Evola, mezclaba el Grial con los Protocolos de los Ancianos de Sión, la alquimia con el Sacro Imperio romano. El hecho mismo de que, para demostrar su apertura mental, una parte de la derecha italiana haya ampliado recientemente su literatura esencial juntando a De Maistre, Guénon y Gramsci es una prueba fehaciente de sincretismo.

Si curiosean ustedes en los estantes que en las bibliotecas norteamericanas llevan el rótulo «New Age», encontrarán incluso a san Agustín, quien, por lo que me parece, no era fascista. Pero el hecho mismo de juntar a san Agustín con Stonehenge es un síntoma de ur-fascismo.

2

El tradicionalismo implica el rechazo de la modernidad. Tanto los fascistas como los nazis adoraban la tecnología, mientras que los pensadores tradicionalistas suelen rechazar la tecnología como negación de los valores espirituales tradicionales. Sin embargo, a pesar de que el nazismo estuviera orgulloso de sus logros industriales, su aplauso a la modernidad era solo el aspecto superficial de una ideología basada en la «sangre» y la «tierra» (*Blut und Boden*). El rechazo del mundo moderno quedaba camuflado en la condena de la forma de vida capitalista, pero concernía principalmente a la repulsa del espíritu del 1789 (o del 1776, obviamente). La Ilustración, la Edad de la Razón, se ven como el principio de la depravación moderna. En este sentido, el ur-fascismo puede definirse como «irracionalismo».

3

El irracionalismo se deriva también del culto a la acción por la acción. La acción es bella de por sí y, por tanto, debe actuarse antes de y sin reflexión alguna. Pensar es una forma de castración. Por eso la cultura es sospechosa en la medida en que se la identifica con actitudes críticas. Desde la declaración atribuida a Goebbels («Cuando oigo la palabra "cultura", echo mano a la pistola») hasta el uso frecuente de expresiones como «Cerdos intelectuales», «Estudiante cabrón, trabaja de peón», «Muera la inteligencia», «Universidad, guarida de comunistas», la sospecha hacia el mundo intelectual ha sido siempre un síntoma de ur-fascismo. El mayor empeño de los intelectuales fascistas oficiales consistía en acusar a la cultura moderna y a la *intelligentsia* liberal de haber abandonado los valores tradicionales.

Ninguna forma de sincretismo puede aceptar el pensamiento crítico. El espíritu crítico realiza distinciones, y distinguir es señal de modernidad. En la cultura moderna, la comunidad científica entiende el desacuerdo como instrumento del progreso de los conocimientos. Para el ur-fascismo, el desacuerdo es traición.

El desacuerdo es, además, un signo de diversidad. El ur-fascismo crece y busca el consenso explotando y exacerbando el natural miedo a la diferencia. El primer llamamiento de un movimiento fascista, o prematuramente fascista, es contra los intrusos. El ur-fascismo es, pues, racista por definición.

6

El ur-fascismo surge de la frustración individual o social. Lo cual explica por qué una de las características típicas de los fascismos históricos ha sido el llamamiento a las clases medias frustradas, desazonadas por alguna crisis económica o humillación política, asustadas por la presión de los grupos sociales subordinados. En nuestra época, en la que los antiguos «proletarios» están convirtiéndose en pequeña burguesía (y el lumpen se autoexcluye de la escena política), el fascismo encontrará su público en esta nueva mayoría.

7

A los que carecen de una identidad social cualquiera, el ur-fascismo les dice que su único privilegio es el más vulgar de todos: haber nacido en el mismo país. Es este el origen del «nacionalismo». Además, los únicos que pueden ofrecer una identidad a la nación son los enemigos. De esta forma, en la raíz de la psicología ur-fascista está la obsesión por el complot, posiblemente internacional. Los seguidores deben sentirse asediados. La manera más fácil de conseguir que surja un complot es apelar a la xenofobia. Ahora bien, el complot debe surgir también del interior: los judíos suelen ser el objetivo mejor, puesto que presentan la ventaja de estar al mismo tiempo dentro y fuera. En Norteamérica, el último ejemplo de la obsesión por el complot está representado por el libro *The New World Order* de Pat Robertson.

8

Los seguidores deben sentirse humillados por la riqueza que ostentan los enemigos y por su fuerza. Cuando era niño, me enseñaban que los ingleses eran el «pueblo de las cinco comidas»: comían más a menudo que los italianos, pobres pero sobrios. Los judíos son ricos y se ayudan mutuamente gracias a una red secreta de asistencia recíproca. Los seguidores, con todo, deben estar convencidos de que pueden derrotar a los enemigos. De este modo, gracias a un continuo cambio de registro retórico, los enemigos son simultáneamente demasiado fuertes y demasiado débiles. Los fascismos están condenados a perder sus guerras, porque son de manera consustancial incapaces de valorar con objetividad la fuerza del enemigo.

9

Para el ur-fascismo no hay lucha por la vida, sino más bien «vida para la lucha». El pacifismo es entonces colusión con el enemigo; el pacifismo es malo porque la vida es una guerra permanente. Esto, sin embargo, lleva consigo un complejo de Armagedón: puesto que los enemigos deben y pueden ser derrotados, tendrá que haber una batalla final, a resultas de la cual el movimiento obtendrá el control del mundo. Una solución final de ese tipo implica una subsiguiente era de paz, una Edad de Oro que contradice el principio de la guerra permanente. Ningún líder fascista ha conseguido resolver jamás esta contradicción.

10

El elitismo es un aspecto típico de toda ideología reaccionaria, al ser fundamentalmente aristocrático. En el curso de la historia, todos los elitismos aristocráticos y militaristas han implicado el desprecio por los débiles.

El ur-fascismo no puede evitar predicar un «elitismo popular». Cada ciudadano pertenece al mejor pueblo del mundo, los miembros del partido son los ciudadanos mejores, cada ciudadano puede (o debería) convertirse en miembro del partido. Pero no puede haber patricios sin plebeyos. El líder, que sabe perfectamente que no ha obtenido su poder por mandato, sino que lo ha conquistado por la fuerza, sabe también que su fuerza se basa en la debilidad de las masas, tan débiles que necesitan y se merecen un «dominador». Puesto que el grupo está organizado jerárquicamente (según un modelo militar), todo líder subordinado desprecia a sus subalternos, y cada uno de estos desprecia a sus inferiores. Todo ello refuerza el sentido de un elitismo de masa.

11

Desde esta perspectiva, cada uno está educado para convertirse en un héroe. En todas las mitologías, el «héroe» es un ser excepcional, pero en la ideología ur-fascista el heroísmo es la norma. Este culto al heroísmo está vinculado estrechamente con el culto a la muerte: no es una coincidencia que el lema de los falangistas fuera «¡Viva la muerte!». A la gente normal se le dice que la muerte es enojosa, pero que hay que encararla con dignidad; a los creyentes se les dice que es una forma dolorosa de alcanzar una felicidad sobrenatural. El héroe ur-fascista, en cambio, aspira a la muerte, anunciada como la mejor recompensa por una vida heroica. El héroe ur-fascista está impaciente por morir, y en su impaciencia, todo hay que decirlo, consigue más a menudo hacer que mueran los demás.

12

Puesto que tanto la guerra permanente como el heroísmo son juegos difíciles de jugar, el ur-fascista proyecta su voluntad de poder a cuestiones sexuales. Este es el origen del machismo (que implica desdén hacia las mujeres y una condena intolerante de las costumbres sexuales no conformistas, desde la castidad hasta la homosexualidad). Y puesto que también el sexo es un juego difícil de jugar, el héroe ur-fascista juega con las armas, que son su *Ersatz* fálico: sus juegos de guerra se deben a una *invidia penis* permanente.

13

El ur-fascismo se basa en un «populismo cualitativo». En una democracia los ciudadanos gozan de derechos individuales, pero el conjunto de los ciudadanos solo posee influencia política desde el punto de vista cuantitativo (se siguen las decisiones de la mayoría). Para el ur-fascismo, los individuos en cuanto individuos no tienen derechos, y el «pueblo» se concibe como una cualidad, una entidad monolítica que expresa la «voluntad común». Puesto que ninguna cantidad de seres humanos puede poseer una voluntad común, el líder se erige como su intérprete. Habiendo perdido su poder de mandato, los ciudadanos no actúan, son llamados solo *pars pro toto* a desempeñar el papel de pueblo. El pueblo, de esta manera, es solo una ficción teatral. Para poner un buen ejemplo de populismo cualitativo ya no necesitamos la Piazza Venezia o el estadio de Núremberg. En nuestro futuro se perfila un populismo cualitativo de televisión o internet, en el que la respuesta emotiva de un grupo seleccionado de ciudadanos puede presentarse o aceptarse como la «voz del pueblo». En razón de su populismo cualitativo, el ur-fascismo debe oponerse a los «podridos» gobiernos parlamentarios. Una de las primeras frases pronunciadas por Mussolini en el Parlamento italiano fue: «Hubiera podido transformar esta sala sorda y gris en un vivac para mis manípulos». De hecho, encontró inmediatamente un alojamiento mejor para sus manípulos, pero poco después liquidó el Parlamento. Cada vez que un político arroja dudas sobre la legitimidad del Parlamento porque no representa ya la «voz del pueblo», podemos percibir olor de urfascismo.

14

El ur-fascismo habla la «neolengua». La «neolengua» fue inventada por Orwell en *1984*, como lengua oficial del Socing, el socialismo inglés, pero elementos de ur-fascismo son comunes a formas diversas de dictadura. Todos los textos escolares nazis o fascistas se basaban en un léxico pobre y en una sintaxis elemental, con la finalidad de limitar los instrumentos para el razonamiento complejo y crítico. Pero debemos estar preparados para identificar otras formas de neolengua, incluso cuando adoptan la forma inocente de un popular *reality-show*.

Después de haber indicado los posibles arquetipos del ur-fascismo, permítanme que concluya. La mañana del 27 de julio de 1943 me dijeron que, según los partes leídos por la radio, el fascismo había caído y Mussolini había sido arrestado. Mi madre me mandó a comprar el periódico. Fui al quiosco más cercano y vi que los periódicos estaban, pero los nombres eran diferentes. Además, después de echar una ojeada a los títulos, me di cuenta de que cada periódico decía cosas diferentes. Compré uno, al azar, y leí un mensaje impreso en la primera plana, firmado por cinco o seis partidos políticos, como Democracia Cristiana, Partido Comunista, Partido Socialista, Partido de Acción, Partido Liberal. Hasta aquel momento yo creía que había un solo partido por cada país, y que en Italia solo existía el Partido Nacional Fascista. Estaba descubriendo que en mi país podía haber diferentes partidos al mismo tiempo. Y no solo eso: puesto que era un chico listo, me di cuenta enseguida de que era imposible que tantos partidos hubieran surgido de un día para otro. Comprendí, así, que ya existían como organizaciones clandestinas.

El mensaje celebraba el final de la dictadura y la restitución de la libertad: libertad de palabra, de prensa, de asociación política. Era la primera vez en mi vida que leía estas palabras: «libertad», «dictadura» —Dios mío—. En virtud de estas nuevas palabras yo había renacido como hombre libre occidental.

Debemos estar atentos para que el sentido de estas palabras no vuelva a olvidarse. El ur-fascismo está aún a nuestro alrededor, a veces vestido de paisano. Sería muy cómodo, para nosotros, que alguien se asomara a la escena del mundo y dijera: «¡Quiero volver a abrir Auschwitz, quiero que las camisas negras vuelvan a desfilar solemnemente por las plazas italianas!». Por desgracia, la vida no es tan fácil. El ur-fascismo puede volver todavía con las apariencias más inocentes. Nuestro deber es desenmascararlo y apuntar con el índice a cada una de sus formas nuevas, todos los días, en todos los rincones del mundo. Vuelvo a darle la palabra a Roosevelt: «Me atrevo a afirmar que si la democracia americana deja de progresar como una fuerza viva, intentando mejorar día y noche con medios pacíficos las condiciones de nuestros ciudadanos, la fuerza del fascismo crecerá en nuestro país» (4 de noviembre de 1938).

Libertad y liberación son una tarea que no acaba nunca. Que este sea nuestro lema: «No olvidemos».

Y permítanme que acabe con una poesía de Franco Fortini:

En el pretil del puente
Las cabezas de los ahorcados
En el agua de la fuente
Las babas de los ahorcados.

En el enlosado del mercado
Las uñas de los fusilados
En la hierba seca del prado
Los dientes de los fusilados.

Morder el aire morder las piedras
Nuestra carne no es ya de hombres
Morder el aire morder las piedras
Nuestro corazón no es ya de hombres.

Pero nosotros lo leímos en los ojos de los muertos
Y en la tierra haremos libertad
Pero apretaron los puños de los muertos
La justicia que se hará.